La Poésie avant Tout

La Poésie avant Tout

Bernadette Murat

A tous ceux que j'aime, je dédie ces poèmes, à mes proches, mes chers disparus, à Jean-Pierre, mon mari, à mes enfants Cécile et Sylvain Blanco, Isabelle et Nicolas Besnard, à mes petits enfants : Émile, Lucie, Antoine et Clément.

La Poésie avant Tout

Visuel de couverture
Scénographie des Images

Isabelle Beaujean

Mise en page

Laurence Dubranle

Photographies tous droits réservés

Note de l'auteure

La poésie est une forme de pureté, c'est une « broderie » du langage, le mot devient image, c'est une source intarissable et une ressource contre la dureté de la vie. Elle permet de voyager à son gré dans l'univers de la pensée.

« La poésie et la musique sont les deux ailes de l'âme » disait Hector Berlioz …

Des mots imagés tels ceux que le littérateur et poète suisse Henri-Frédéric Amiel a écrits :

« ***La pensée sans poésie***
et la vie sans infini

c'est comme un paysage sans ciel
on y étouffe. »

La Poésie avant Tout

La poésie

Tout est source de poésie
Le rire, les pleurs, la fantaisie
L'eau qui coule dans la rivière
L'oiseau qui chante dans la volière
L'orage qui gronde dans le ciel
Le commun des mortels, les officiels
La main tendue d'un malade
Le sourire d'un enfant en balade

Pour frapper les esprits
Pour orner les écrits
L'arme que j'ai choisie
C'est l'art de la poésie
Elle représente pour moi
Un doux chant, un émoi

La broderie du langage
La rêverie pour bagage.

Le poète

L'oiseau perd ses plumes

Le poète prend sa plume

Sur l'arbre du chagrin blessé

L'homme cherche à s'envoler

Ballotté entre ciel et terre

Pour cet exil tout est mystère

En ce monde pollué

La poésie est pureté

Elle est le vrai langage

Du cœur, reflet du visage

La Poésie avant Tout

Les vers

Moi, j'écris des vers
Près de la rivière
Des vers à l'endroit
Des vers à l'envers
Un pied en avant
Un pied en arrière
Des vers pour toi
Des vers à soi
Des vers en terre
Des vers en l'air
Des vers pairs
Des pairs vers
Au fait, ça rime à quoi un vers ?
Ça rime au temps, ça rime au vent
Ça se récite
Ça se médite

Un beau vers même coupé, ne meurt jamais !

Hommage

à **G**eorge Sand

Le moulin d'Angibault

Au creux de la Vallée Noire
George Sand est là, vivant miroir

Elle écrit : le Meunier d'Angibault
Près de la Vauvre, brillant ruisseau
Ce moulin, blotti dans la verdure
Soudain, illumine son écriture

Sa roue tourne au fil de l'eau
Sous l'oeil attendri des oiseaux
Ses aubes grincent, cliquettent

Tel le livre que l'on feuillette
Sa meule en son cœur d'or
Recèle le blé, quel beau trésor !

Ô moulin du bon vieux temps
Caché à l'abri du vent
Si tu pouvais nous raconter
Les histoires de ton passé
Les belles amours du meunier

Femme Flamme

Le charme de Nohant
Au cœur de tes romans
La Vallée Noire   Les Iles Baléares
Ta vie, ton histoire
Ton nom, c'est liberté
Que de fois contestée
Ton nom c'est tolérance
Voyages, indépendance
La mare au diable
Mystère redoutable
François Le Champi
Objet de mépris
La petite Fadette
Naïve et fluette
Aurore Dupin
Célèbre écrivain
Guide nos chemins.
En hommage à celle
Dont la plume étincelle
Que ta flamme soit immortelle.

Nohant

Nohant, ô nom charmant, évocateur
Sur un chatoyant parterre de fleurs
Des notes suaves s'égrènent dans le jardin
Assis au piano, s'éternise Chopin.
Ta petite église, ton riant village
Quel sublime et divin paysage !
La nature vibre, joyeuse George Sand
Clame ses contes, ses légendes
Ô Nohant, patrie des laboureurs
Ton calme séduit les visiteurs.

La mare au Diable

Ô mon Dieu cette mare
Quel effroi, quel cauchemar !
Mes plus sombres pensées
Comment pourrais-je oublier
Qu'un enfant y fut noyé !

Pour conjurer le sort
Je prie, cherche réconfort
Satan rôde, ma peur s'accroît
Je fais un vain signe de croix
Je m'incline à genoux
Lance trois petits cailloux
Au fond de cette fosse
Où plane la mort, atroce.

La mare au Diable
La mort dans l'âme.

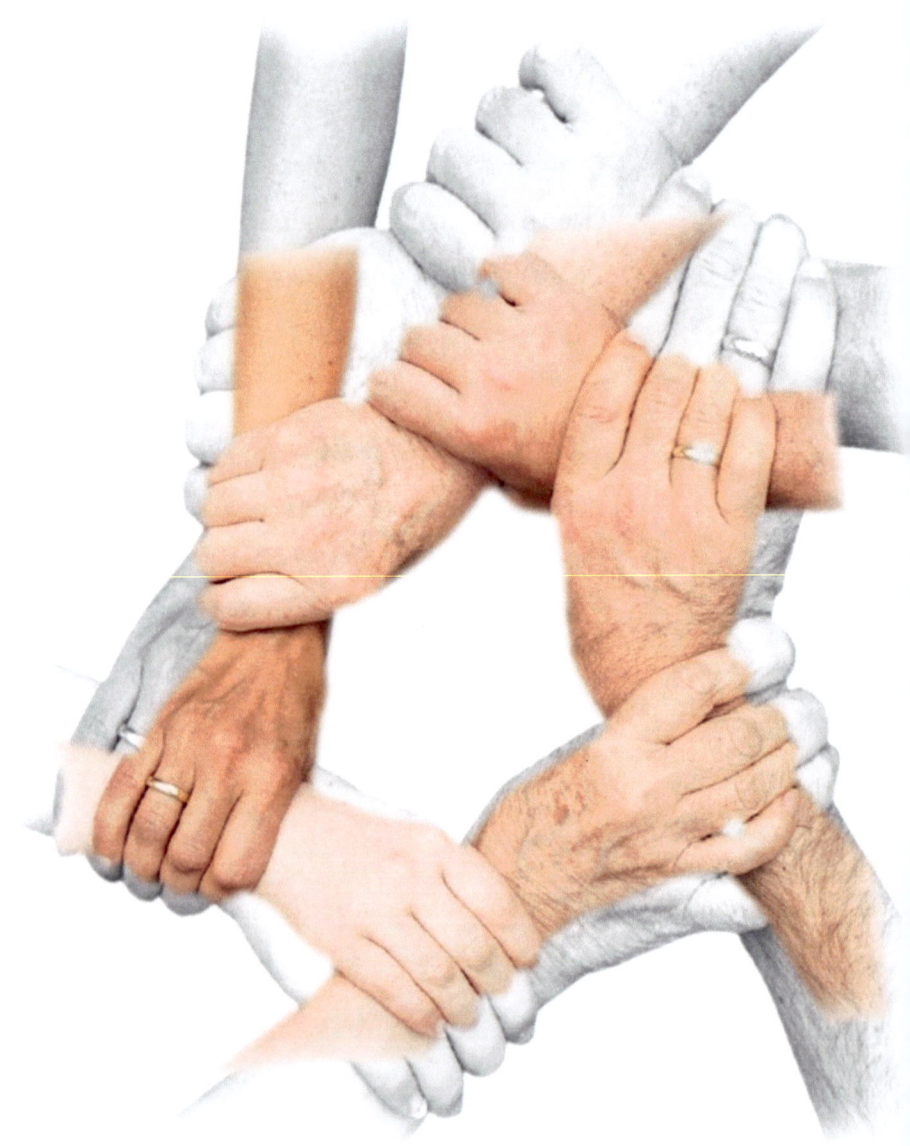

La Poésie avant Tout

Un air de famille
...

La Poésie avant Tout

A mon enfant
Pour tes vingt ans

Dès quinze ans, je voulais un enfant
Il fallut attendre quatorze ans
Pour voir naître une tête docile
Que j'ai tendrement nommée Cécile

Le premier enfant vêtu de blanc
Me surprit par son rire charmant
Mais dès son arrivée au logis
Elle me posa de petits soucis

Grâce à sa constante application
Elle donna entière satisfaction
Sut associer voyages et lectures
Pour s'assurer une solide culture

Son père mania avec dextérité
L'art de répondre force gaieté
A toutes ses demandes et ses souhaits
Pour lui éviter divers méfaits

...

Sa mère dut l'avertir des dangers

Lors de ses voyages à l'étranger

Avec le temps elle comprit ses raisons

Et sut apprécier sa vieille maison

Elle put retrouver près de sa sœur

Gaieté, réconfort et vrai bonheur

A une amie disparue

Tu avais un cœur d'or
Il battait si fort
Qu'un jour il s'arrêta
Ta dernière heure arriva.

Le destin est cruel
Mais d'azur est le ciel
Souvent tu le regardais
Comme par lui attirée.

Tes gestes, tes paroles
Tes actes bénévoles
Le bien, tu l'as emporté
Là-haut, comme un secret.

Je voudrais par ces vers
T'honorer sur la terre
Te prier sans cesse
Pour chasser ma détresse.

A ma mère

Ô tendre mère
Alerte et légère
Je n'oublierai jamais
Ton charme, ta bonté !

Tes grands yeux clairs
Ton regard bleu et sévère
Resteront pour toujours
Gage de paix, d'amour.

Je voudrais par ce chant
Rester à vie ton enfant
Que tu chéris, tu guidas
Comme un page ici-bas.

A mon père

Ô mon papa, papa chéri
Toute ta vie, tu m'as appris
A dire pardon, à dire merci
Par les bois et les sentiers
Tu as guetté, chassé le gibier
Par ta joie et ta gaieté
Tu as gardé notre amitié
Et nous voilà tous réunis
Près de la table si bien garnie
Malgré quelques maux et douleurs
Tu as gardé un vrai bon cœur
Que ton exemple demeure
Qu'il apporte chaleur et bon humeur
Dans nos foyers et nos maisons
Qu'il sème à l'unisson
Gaieté et joie de vivre
Et la volonté de te suivre

A ma sœur

Une sœur
Un cœur
Marguerite
Tu m'invites

Ma joie
C'est toi
Tu comprends
Mes tourments

Une lettre
Bien-être
C'est toi
Ma joie

Une sœur
Quel bonheur !
Tu partages
Mes voyages

Une sœur
Un cœur
Qui bat quel émoi !

Comme un enfant

Comme un enfant

Je ris souvent

Plus de pleurs

En mon cœur

Comme un enfant

Je joue gaiement

Plus de tracas

Ici et là

Comme un enfant

Je lis, j'apprends

Plus d'erreurs

Quel bonheur !

Comme un enfant

Je pars confiant

Plus de doute

Sur ma route

Les gens

Il y a ceux qui vivent
Ceux qui survivent

Ceux qui résistent
Ceux qui subsistent

Ceux qui pleurent
Ceux qui rient

Ceux qui quoiqu'il advienne
Cachent leurs joies et leurs peines

Ceux qui dans l'adversité
Exultent de gaieté

Ceux qui toujours joyeux
Remercient les cieux.

La Poésie avant Tout

Un brin de folie

...

Le secret du bonheur

La ruche bourdonne
La joie rayonne
Sème le bonheur !
Sèche tes pleurs !

Partage ton pain !
Aime ton voisin !
Sème la joie !
Tu seras roi !

Pardonne à ton frère !
Oublie ta misère !
Suis ton destin
Fuis le chagrin !

Contente-toi de peu
Console le malheureux
Même dans la tourmente
Souris et chante !

Le cœur

Organe vital par excellence
Il doit battre c'est l'évidence

Il est la source de l'émotion
Le point fort de l'auscultation
Un enfant pleure, le cœur gros
Rien ne peut arrêter ses sanglots
Des mots doux maman serine
Blotti contre sa poitrine
De tous ses tourments, elle est la confidente
Elle écoute, elle apaise, elle est prudente
Le cœur palpite, il bat trop vite
A l'hôpital, tout le monde s'agite
Soudain, le patient revient à la vie
Il est sauvé, guéri, il repart ravi

« Les larmes sont au cœur
Les paroles qu'il ne peut exprimer »

Courage

Du pain sur la planche
Retrousse tes manches

Mets du cœur à l'ouvrage
Arme-toi de courage

Travaille, travaille
Gagne la bataille
Une vie de labeur
Mérite l'honneur

Courage, courage,
C'est la force du sage.

Le bien, le mal

Le médisant ment, songe, singe,

Porte à faux le moindre mot.

Le bienveillant reste sans mot dire,

Reste sans maudire.

Médire et maudire sont piètres mots.

Si tu veux être heureux

Soigne tes maux !

Pèse tes mots !

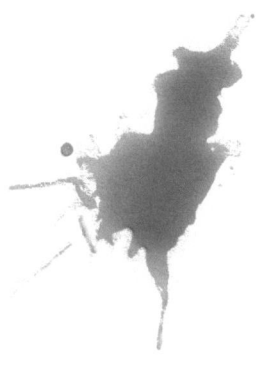

La paix

A quoi bon tuer, chasser
Nous n'avons point de fusils
Chassons tous nos soucis
A quoi bon nous armer

Armons-nous de patience
Nous avons tous des amis
Semons joie, tolérance
Afin de rester unis

Armons-nous de présence
Nous avons tous des chagrins

Semons la paix, l'espérance
Sur les routes
les chemins

...

Le secret

Tu ressembles à un coffret

Dont j'aurais perdu la clef

Inutile de t'ouvrir

A quoi bon te faire souffrir

A quoi bon te confier

Seul un être discret,

Gage de mon amitié

Peut oser te dévoiler

Une fois divulgué

Tu perds ton identité

Tu ressembles à un coffret

Dont j'aurais perdu la clef.

Le bonheur

Je me demande quelle est sa couleur,
S'il se présente tel un malfaiteur
A la porte de tous les humains
Pour leur demander le vrai chemin.

Pour le cueillir, je vais au jardin
Voir les fleurs, les toucher de ma main
Et répéter à mon cœur que pour le garder
Il faut semer gaieté, bonté et joie d'aimer.

Ce soir, je me promets d'écrire à ma sœur
Ce sera pour elle et moi source de bonheur
Car j'ai parfois la nostalgie de mon pays

Et nul mieux que moi ne l'a compris.

Le chagrin

Quand je me sens d'humeur chagrine,
Quand mon cœur cogne dans ma poitrine,
Je contemple le ciel, je l'admire
A ce moment ma joie transpire.

La nature toujours me console

Elle garde mes secrets, ma parole
Telle une sœur, elle partage ma vie
Elle m'apprend l'amour, chasse l'envie.

Quand autour de moi, tout est grisaille
Quand le chagrin m'oppresse, m'assaille
Je rêve à un nouveau village

Semant la joie dans son sillage.

La Poésie avant Tout

Gémir

et

se plaindre

...

La souffrance

Souffrance, je te fuis, je te hais
Ton seul nom me déplaît
Comme l'oiseau guette sa proie
Tu emplis mon âme d'effroi

Souffrance, tu imposes le silence
Précieuse est ton expérience
Tu es un éternel danger
Blotti dans mon être secret

Souffrance, tu imprimes mon visage
Fripé, ridé, il n'a point d'âge
Mon corps frêle tout entier se tord

Seule mon âme espère l'aurore.

Le malade

Couché, sur son lit blanc

Notre malade attend

Coupé de son milieu

Il semble malheureux

Donnez-lui votre main

Pour chasser son chagrin.

Le coronavirus

Nul ne pouvait présager
Perdre tant de personnes âgées
Une crise sans précédent
A emporté nos parents
Ce virus se cache partout
Sous notre peau, dans notre cou
Comment chasser cet ennemi ?
Fermer la porte à nos amis
Ne sortir qu'avec prudence
Pour éviter l'appel d'urgence
Jour et nuit et sans relâche
Tous les soignants sont à la tâche

Grâce à votre cœur,
à votre courage

Vous tuerez ce poison et ses ravages.

Restons à la maison

Tout d'un coup du jour au lendemain
Tout devient oppressant, incertain
Une terrible et brutale épidémie
S'abattit sur le pays, nos amis.
Comment lutter, comment résister ?
Aucune réponse à cette question
Devant pareille situation
Quelle horreur, quelle abomination
Comment éviter la contamination
Un seul remède : restez à la maison
C'est le bon sens, la raison
Un bon mot, une douce parole
Nous réconforte et nous console
Face à la mort, à la souffrance

Gardons patience et espérance
Grand merci à tous ces soignants
Dont les récits sont si poignants.

Le vide

Les rues sont vides, désertiques
Je reste ébahi, statique
Personne à l'horizon
Tous sont à la maison
Circule, virgule, apostrophe
Quelle terrible catastrophe !
Au bout de l'avenue
Marche une inconnue
Un mètre de distance
Exige sa présence
Quand cessera ce fléau
Nul ne le sait, il est trop tôt
Le silence nous envahit
La peur, parfois l'ennui

Je ne peux qu'attendre
A défaut de comprendre.

La Poésie avant Tout

Un jour, je partirai

Un jour, je partirai
Je quitterai à tout jamais
Ce beau sol français
Je partirai dans l'au-delà
Sans peur, sans tralala

Je partirai sans laisser d'adresse
Est-ce erreur ou simple maladresse
Que vais-je trouver là-haut
Sur le plus beau des plateaux
Un dieu calme, resplendissant
Tout joyeux et bienfaisant
Ou bien Satan narquois et ricanant
Furieux, bruyant, grinçant des dents

Que puis-je dire, que puis-je faire
Si ce n'est prier pour mes frères.

Allô Docteur

Allô, allô Docteur
Entendez-vous mon cœur ?
Il ne bat plus
Je suis foutu

Allô, allô Docteur
Mon Dieu quelle horreur !
Prenez vite ma tension
Vous risquez l'explosion

Allô, allô Docteur
Regardez mes artères
Que pouvez-vous me faire ?
Mon Dieu, c'est la misère
Il faut les déboucher

A Niherne ou à Poitiers
Vous êtes trop électrique

...

Soyons catégorique

Trop agité et énervé,

Tel un ver coupé

Asseyez-vous par terre

Je vais vous mettre en terre

C'est la fin de la galère

Un ver même s'il est coupé

Résiste, ne meurt jamais,

Et voilà tout est gagné

All, allô Docteur

Est-ce une méprise, une erreur ?

Je n'ai point d'enfant

Dois-je écrire mon testament ?

Il faut le faire évidemment

Et le patient répond content :

Je lègue mon argent, tous mes biens

A mon dévoué et illustre médecin.

Covid 19

On ne l'a pas vu venir

Elle a brisé nos vies, notre avenir

Covid 19 a vidé les cafés, les bars

Chassé tous les clients sans égard

Covid 19 a fermé de nombreux restaurants

Pour très longtemps au demeurant

On ne peut plus se déplacer

De ses amis on doit se dispenser

C'est un monde cerné de barrières

Impossible de les franchir, de revenir en arrière

On doit subir tout ce mystère

Se fermer comme au monastère

Dans l'attente, l'espoir d'un vaccin

Prudence, quand cessera le tocsin ?

Les pleurs

Essuie tes larmes
Et suis ton âme
Essuie tes pleurs
Et suis ton cœur
Essuie tes doutes
Et suis ta route
Étends ta main
Et tend ton pain

Le bonheur est là
Au creux de ta main
Au bout du ton bras
Saisi-le

Le sang et l'eau

Le sang coule dans mes veines

L'eau coule dans la fontaine

L'un est source de vie

L'autre calme et purifie.

Le sang évoque les blessures

L'eau nettoie les souillures

L'un remplit de frissons

L'autre ravive mes passions.

Que le sang versé par mes parents

Coule dans les veines de mes enfants.

Le Sentiment du moment...

La méchanceté

Je me demande pourquoi les gens sont si méchants,
J'en ai parfois rencontré de charmants
Qui las d'écouter les mêmes prières
Savent se taire et se montrer sincères.

Il faut oublier tous ses soucis
Prendre plaisir à écouter autrui

Ne jamais désespérer
aimer
Sans jamais vouloir se montrer.

La curiosité

Tous ceux qui en furent l'objet
Tôt ou tard connurent le sujet

Elle guette
elle épie
elle supplie

Pour savoir tout lui est permis.

Elle se cache derrière la porte
Un bruit, un mot la réconforte

Ô quel délice, quelle tentation
De sombrer dans l'indiscrétion.

Il y a ceux...

Il y a ceux qui friment
Ceux qui triment
Ceux qu'on loue
Ceux qu'on floue

Les jaloux
Les filoux

Et ceux qu'on aime

La diversité

Il y a des gens qui passent
D'autres qui trépassent
Il y a des gens qui pensent
D'autres qui dépensent
Il y a des gens qu'on prise
D'autres qu'on méprise
Il y a des gens qui fléchissent
D'autres qui réfléchissent
Il y a des gens qu'on aime
D'autres qu'on malmène
Il y a des gens qu'on implore
D'autres qu'on ignore
Il y a des gens qui se confient
D'autres qui se méfient

Il y a des gens de toutes sortes
Auxquels on ouvre sa porte.

La sagesse

Toi l'enfant, que tu es sage !
Endormi dans ton berceau
Loin de la foule sauvage
Tu évoques un doux tableau.

Tu quitteras ton village
Sac au dos, le cœur gros
Tu devras être sage
Te montrer vif et dispos.

Plus tard, l'apprentissage
T'offrira un monde nouveau
Sois prudent, sois sage
Ton avenir sera beau.

Dans la tourmente, les orages,
Tu chercheras le repos
Du ciel gris des nuages
Tire le blanc rideau.

La simplicité

Simple, je suis née
Par une belle matinée
A quoi bon compliquer
Naturelle, je veux rester.

Simple, comme bonjour
Vraie comme l'amour
En quête d'authenticité
Naturelle, je veux rester.

Simplicité est ma devise
L'artifice me déguise
Loin de la mondanité
Naturelle, je veux rester.

La sérénité

Le visage calme et reposé
Tout empli de sérénité
Grand'mère vacille, chancèle
Ses doux yeux noirs étincellent

Loin du tumulte et du pouvoir
Elle attend dans la chaleur du soir
Nulle larme ne perle sur sa joue
Nulle parure ne brille à son cou

Ses bras frêles ses mains agiles
M'étreignent, son corps fragile
Semble figé sur son fauteuil
Comme la momie dans son linceul

Bouger : elle en a nulle envie
Son vœu : s'éteindre telle la bougie
Dans la paix, la sérénité
Près de ses enfants attristés.

La joie de donner

Donner le sein à son enfant
N'est-ce pas le plus beau présent ?
Lui parler de sa plus douce voix
N'est-ce pas la plus grande joie ?

Lui donner gentiment la main
Sécher ses pleurs jusqu'au lendemain
L'attendre gaiement à la porte de l'école
Écouter, savourer ses moindres paroles.

Lui donner sans compter son temps

Le rendre toujours plus content
Sans lui épargner la peine l'effort

N'est-ce pas le plus grand réconfort ?

L'amour

Il naît d'une broutille
Tel le feu d'une brindille
Un doux regard l'attise
L'amoureuse est éprise
Des gestes de tendresse
Des mots, des caresses
L'amoureuse est conquise
Elle sera la promise
Au gré du vent
Au fil du temps
L'amour grandit
La flamme bondit
L'amoureuse est ravie
Du bonheur de sa vie
Sur le bord du chemin
Se dresse le chagrin
Un tendre baiser
Vient le briser
Le bonheur est fragile
L'amour est difficile
Durant la vie entière
L'amour se doit sincère.

La rencontre

Dans le calme du soir

J'ai croisé ton regard

Dans la paix du matin

Je t'ai donné la main

Sur le bord du chemin

J'ai scellé mon destin

Sur la route de la vie

Je t'ai toujours suivi.

Saint Valentin

Ô Saint Protecteur
Gage de mon bonheur
Je ne peux oublier
Ce quatorze février
Je t'ai rencontré
Mon cœur a palpité
Nous avons échangé
Nous avons voyagé
Sur le fil des pensées
Des bons mots du passé
Soudain, un charme étrange
Jaillit, nous dérange
J'ai laissé mon adresse
J'ai gardé ma tendresse
Pour t'écrire, te séduire
Car je t'aime à mourir
Ô Saint Valentin
Guide mon destin.

L'attente

C'est le soir

Il est tard

Calmement

Je t'attends.

C'est minuit

Tu t'enfuis

Brusquement

Je t'entends.

C'est cinq heures

Une lueur !

Promptement

Je comprends.

C'est le jour

Il est court

Ton amant

Je surprends.

L'amoureux

Ta main sur mon épaule

Ta joue qui me frôle

Toi, tout contre moi

Mon corps est en émoi

Ton regard langoureux

L'éclat de tes doux yeux

Mon bon Saint Valentin

Veille sur mon destin

Que cette étincelle, cette flamme

Vivement allumée en mon âme

Brille à tout jamais

Pour ma bien-aimée

Toi et moi

Toi et moi

Serons mari et femme

Il a suffi d'une flamme

Pour embraser notre amour

Un regard, un tendre baiser

Nous ont unis à jamais

Le vent, la tempête

Rien ne nous arrête

Nos yeux brillent

Nos mains s'étreignent

Une vive joie règne

Une même voix

Un même toit

Toi et moi

Serons mari et femme

Que notre amour soit éternel

Et garde sa pureté originelle

Donner, aimer

Savoir donner

Sans reprendre

Savoir aimer

Sans comprendre

Savoir pardonner

Sans surprendre

Savoir écouter

Sans s'entendre

Je voudrais savoir

Comprendre et pouvoir

Donner et aimer

Pardonner, écouter

Tous les êtres

Petits et grands

Aimer, tout simplement

Je vois

L'éclat de tes yeux

Je marche joyeux

J'entends

Le son de ta voix

Je saute de joie

Je sens

le creux de ta main

J'avance serein

Je prends le temps

De te voir, de t'entendre

De te serrer la main

Mon Dieu, quel bonheur !

Le soir

J'attends le soir
Emplie d'espoir,
J'attends la nuit
Seule, sans un bruit.

Seule, dans mon rêve,
Quelle douce trêve !
J'attends la nuit,
Seule, dans mon lit.

J'attends le soir,
Pour te revoir,
J'attends la nuit
Seule, sans ami.

La Poésie avant Tout

Mon cœur

Mon cœur, on ne le voit pas
Il ne bat que pour toi

Niché au creux de ma poitrine
Loin des passants et des vitrines
Il vibre pour sa dulcinée
Comme le feu dans la cheminée
Il pleure, on ne le voit pas
Il chante, on ne l'entend pas
C'est un être à part entière
Partie d'un corps, c'est un mystère
Tous ces sursauts, ces émois
Il ne les a que pour toi

Mon cœur s'élance avec ardeur
Et bat plus vite pour ton bonheur

Chantez

Chantez à deux

Chantez à Dieu

Chantez en chœur

Chantez encore

Chantez l'amour

Chantez la mort

Chantez plus haut

Chantez plus fort

Chantez la joie

Chantez la peine

Toute une vie

Restez chanteurs

C'est le bonheur

La Poésie avant Tout

Si les perles parlaient...

Si les perles parlaient
Que diraient-elles ?
Qui serait la plus belle ?

Celle qui pend à mon cou
Qui nous vient du Pérou
Ou la perle de pluie
Qui nous vient d'Italie

Si les perles parlaient
Qui serait la plus belle

Celle du firmament
Ou bien de l'Océan
Je crois avoir trouvé
C'est toi ma préférée

Tu es ma perle rare
Qui charme mon regard

Invitation à la musique

Les larmes, les sanglots

Tout s'apaise au piano

Des notes de musique

S'envolent, c'est magique.

La peur, les pires chagrins

S'éteignent sur un refrain.

Le pianiste est troublé

Sur un rythme endiablé

Il sème l'allégresse

Et chasse la tristesse.

Quelle joie d'être au clavier

Et de savoir jouer.

Je ne le sais

Combien de mots j'ai pu te dire
Combien de mots j'ai pu t'écrire
Je ne le sais

Combien d'amis j'ai rencontrés
Combien d'amis j'ai su garder
Je ne le sais

Combien de larmes j'ai versées
Combien de vers j'ai récités
Je ne le sais

Je ne peux t'oublier
Tu veux me quitter
Je le sais.

La Poésie avant Tout

La naissance...

Bébé est né

Une naissance
Quelle effervescence
Quel sera son prénom ?
Fille ou garçon sait-on ?
Bébé tant attendu
Est enfin apparu

De lumière un faisceau
Illumine le berceau
Une main tendre et habile
Touche ses petits doigts fragiles
Tantôt il pleure, tantôt il dort

On s'émeut,
on l'admire,
on l'adore.

De l'ombre à la lumière

Blotti dans le corps de sa mère
L'enfant à naître est un mystère

Nul ne sait sa date de naissance
La couleur de ses yeux, son apparence

Avant de sortir de l'ombre
Tout est flou et sombre
Soudain, c'est la lumière

Il naît, il vient sur terre
Rien n'est acquis, tout est mystère
Nul ne sait son avenir
S'il va souffrir, s'épanouir

Passer de l'ombre à la lumière
L'enfant à naître est un mystère

Une vie

Toute vie n'a pas de prix
Et pas droit au mépris

Toute joie, toute naissance
Nous comble d'espérance

Le jeune enfant, près des parents
Vit tout joyeux et content

Puis il grandit, il s'assagit
Sans donner un sens à sa vie

Puis vient l'âge adulte
Il conteste, il réfute

Parvenu à maturité
Il comprend la vérité

…

La Poésie avant Tout

Toute une vie est un poème

Il a les je veux, les je t'aime
Il a le bonheur que l'on sème

Toute une vie peut s'éteindre
Il faut s'aimer, s'étreindre

Et oublier le temps passé,
Le mensonge, la méchanceté

Toute une vie c'est la beauté
Du bonheur retrouvé et enchanté

La Poésie avant Tout

Le **t**emps qui passe

...

La Poésie avant Tout

Vite

Vite, toujours plus vite

La vie te précipite

On ne sait où

Vers quel chemin

Vers quel destin

Vite, toujours plus vite

Vers quel chemin

Suis-je loin ?

De mes amis

De mes parents

Le vent m'emporte

Frappe à ma porte

Que puis-je dire ?

Que puis-je écrire ?

Le temps s'égrène

Ravive mes peines

Tout va trop vite

Je ne peux m'arrêter

Je ne peux respirer

il est déjà tard

J'ai perdu ton regard

L'an neuf

Une année nouvelle

C'est une étincelle

Un nouveau départ

Sur nos souvenirs

Sur notre avenir

C'est tout un mystère

On croit, on espère

Une musique intérieure

Sème joie et bonheur

Ravivons la flamme

Au fond de notre âme

Créons-nous un monde

Où l'amour inonde

Une année nouvelle

On la veut plus belle.

Le temps, l'argent,

Le temps est précis
L'argent est précieux
Le temps se compte
L'argent s'escompte
Le temps fuit
L'argent luit
Le temps s'envole
L'argent se vole
Le temps frappe
L'argent se frappe
Le temps séduit
L'argent se doit
Le temps est fatal
L'argent s'étale
Le temps s'efface
L'argent s'entasse
Le temps passe
L'argent lasse.

Qu'importe les ans ?

Il est sain d'assumer son âge
De nouvelles rides son son visage

Le durcissement de nos artères
De plainte n'est plus un critère

Pour rester en bonne santé
Cultivez le rire, la gaieté

Une heure de marche est salutaire
Chaque jour, respirez au grand air

Jouez d'un instrument de musique
Oubliez les soucis, c'est magique

Fille d'un vaillant centenaire
Tous ces conseils sont nécessaires.

Il y a le jour, il y a la nuit

Il y a le jour

Il y a la nuit

Il y a le vent

Il y a la pluie

Il y a l'été

Il y a l'hiver

Il y a l'eden

Il y a l'enfer

Il y a toi

Il y a moi

Tous les deux

Pour être heureux

Main dans la main

Yeux dans les yeux

Tous les deux

Si tu le veux

Nous serons unis

Toute la vie

Dame nature

...

L'oiseau

Dans le ciel azuré
Un oiseau a volé
Sous la voûte étoilée
Un oiseau s'est caché

Du haut de son perchoir
Il lance un cri d'espoir

Il n'a pour tout logis
Qu'un froid et pauvre nid
Pourtant il est content
N'est-ce pas merveilleux
De voguer dans les cieux !
De respirer l'air pur
De vivre dans la nature.

Le ciel

Qu'il soit bleu ou gris
Signe d'orage ou de pluie
Il reflète mes pensées
Ma tristesse ou ma gaieté

Soudain tout s'éclaire
Le ciel et la terre
Ô soleil, astre suprême
Mon bonheur est extrême.

La carpe et l'oiseau

Ô bel oiseau, tu m'entends ?
Dit la carpe dans l'étang.
Que je voudrais pouvoir voler,
Sur les roseaux me percher.

L'oiseau répondit : mon chant
Attire le promeneur,
Mon cri intrigue le chasseur

La carpe ne comprit pas
Que le pêcheur, par son appât,
La ferait passer de vie à trépas.

Tous les deux furent victimes
Du destin, d'une main anonyme.

L'un de l'habileté du chasseur
L'autre de l'avidité du pêcheur.

La fontaine, le seau et le puits

Un seau, debout sur la margelle,
Dit à la fontaine, que tu es belle !
Tu abreuves les troupeaux,
Tu attires les oiseaux.

En passant près du chemin,
Je songe à mon destin.
Du bout de la chaîne de l'anse,
Je descends, je monte, je me balance
Que c'est noir au fond du puits !
Il fait froid, c'est à mourir d'ennui.

La fontaine a des secrets, des attraits
Le puits représente maints dangers.
Le seau se désole,
La fontaine le console.

Toi, le seau tu plonges dans la science
La fontaine dans le rêve, l'insouciance.

La Poésie avant Tout

La Brenne et les oiseaux

La Brenne, un jour, dit aux oiseaux :
Prenez-garde, cachez-vous sous les roseaux
L'hiver arrive à grands pas,
La pluie, le vent, les frimas.
Les oiseaux répondirent :
Plutôt souffrir que partir.
Ça et là, glaner quelques graines,
Sauter, voler, sillonner la Brenne.
Pour nous c'est notre joie
La pluie, le froid c'est notre toit !
La liberté est un trésor
Nous voulons rester dehors
Loin de là, un oiseau en cage
Tournait, virait, fou de rage
Soudain, il s'exclama : que je serais content
De voler près des étangs !
La Brenne dit : découvrez-moi
Je n'ai ni chaud ni froid
Observez mes sentiers, ma verdure
Je suis le livre de la Nature.

Le petit chemin

Loin des bois et des prés
Des villes et des forêts
Tu es un havre de paix

Bordé d'aubépines
Orné d'églantines
Suave et parfumé
Tu es mon bien-aimé

Blotti au cœur du village
Tu m'invites au voyage.

La Poésie avant Tout

Le château de Culan

Habitant de l'Allier
Tu es émerveillé
Habitant du Cher
Tu dois être fier
Une telle forteresse
C'est une richesse
Un si beau château
C'est un vrai joyau
Tes tours, ton donjon
Contemplent l'Arnon
Ta cour d'honneur
Accueillit maints seigneurs
Le duc de Sully
Le prince de Condé
T'ont longtemps gardé
Perché sur son rocher
De son port altier
Trône,
étincelant.

L'abeille et la guêpe

Une guêpe sort de son nid sous le toit
Excitée, elle s'agite, virevolte près de toi

Son corps jaune et noir, brille luisant
Le jet de son aiguillon est rude et cuisant
Pernicieuse, elle se glisse dans le fruit
Affamée, elle se délecte sans bruit
Mieux vaut ne pas la toucher, la déranger
Une simple piqûre présente un danger

Loin de la ruche, une abeille butine
De fleur en fleur, de l'œillet à l'églantine
Travailleuse infatigable, elle récolte le nectar
Prenons-la pour exemple, vivons à son instar

Le miel adoucit la gorge du chanteur
Donne à sa voix un timbre à la hauteur
Le miel glané dans les bois et les prés
Soulage la douleur et cicatrise les plaies

De ces deux comportements

Une leçon est à retenir

La guêpe est malicieuse et futile

L'abeille est courageuse et utile

L'une est à chasser

L'autre est à sauver

« Nous sommes les abeilles de l'Univers,

Nous butinons éperdument le miel du visible

Pour l'accumuler dans la grande ruche d'or de l'Invisible. »

Poète Rainer Maria Rilke (1875-1926)

Le chasseur et le sanglier

Le chasseur se lève tôt
Il enfile bottes et paletot
Il part le fusil en bandoulière
Prudent malgré son allure guerrière

Sans un bruit, il reste à l'affût
Des heures près du maïs touffu

Soudain un bruissement des tiges feuillues
Le tient en alerte, une harde afflue
Le chasseur vise, tire, un sanglier tombe sur le coup
Il se débat, grogne, saigne beaucoup
Les chiens excités bondissent, fous de rage
Le chasseur les appelle pour éviter le carnage

En forêt, souvent posté loin des secours
S'il est blessé, aux urgences il a recours

La Poésie avant Tout

La mer

Le bleu, le blanc, le gris, le vert
Couleurs de la mer

Sous le soleil et la brume
Suit la blanche écume
Les vagues glissent sur les rochers
Comme les notes sous l'archet

Le gris, le vert,
le bleu turquoise

Illuminent la mer d'Iroise
Je contemple le paysage
Le vent cingle mon visage

La beauté de ce site enchanté
Me comble de joie et de sérénité

La Poésie avant Tout

Péril en mer

Partir en haute mer
C'est souvent galère

Le vent, la tempête
Le marin s'inquiète

Tout va crescendo
Pauvre matelot
Une vague immense
Sa peur est intense

Tout l'équipage
Prévoit le naufrage
Un marin tombe à l'eau
Sous la fureur des flots

Un plongeur endurci
Le repêche, le voici
Mon Dieu, quel courage !
Quel beau sauvetage !

L'orage

Revenant de l'école
Je flâne, je caracole

Soudain, le ciel s'obscurcit

Emprunter un raccourci
Me vient soudain à l'esprit

Le vent, la pluie font rage
Tous les prémisses de l'orage

Je dois avancer
Je ne fais que penser
Tiens bon, courage, courage
Brave la pluie, l'orage

Enfin, me voilà arrivée
Je suis apaisée, ravivée.

La Poésie avant Tout

Le vent

Le vent siffle, le vent souffle

Je m'épuise, je m'essouffle

Je ne peux avancer

Je veux m'élancer

Tout s'agite, tout crépite

Mon cœur bat, palpite

Le toit s'envole

Je perds la parole

Quelle force indicible !

Une main invisible

M'étreint

Me soutient

Me retient

Et soudain

Je passe mon chemin

Tout se calme enfin.

Le cheval

Au beau milieu du champ
Loin du bruit et des passants
Le cheval paît gentiment

Animé d'un bon sentiment
Il s'approche de moi
Trépigne de joie
Ses yeux pétillent, sa queue frétille
Son corps reflète la finesse

La beauté et la souplesse
Ses oreilles ciselées
Ses pattes fuselées
Son buste élancé
Sa queue balancée
Sa croupe et sa crinière

Ondulent

sous la lumière

Le feu

Près de la cheminée
Où vont mes pensées ?

Vers le pauvre, l'exclu
L'homme de la rue
Que puis-je faire ?

Devant sa misère
Je lui ouvre ma porte
Un mot le réconforte
Que lui apporter ?

Pour le consoler
Un peu de chaleur
Un brin de bonheur
Que puis-je lui offrir ?

Un geste, un large sourire
Pour l'empêcher de mourir.

Cigarette

Cigarette dans ton paquet
Tu n'es rien sans le briquet !
Un feu brûle en moi,
L'éteindre, quel désarroi !

Je craque une allumette
Je prends une cigarette
Un feu brûle en moi,
L'éteindre quel désarroi !

Une volute de fumée
S'élève dans la nuée
Un feu brûle en moi
L'éteindre quel désarroi !

Le rocher et l'eau

La source jaillit du rocher
Si forte je ne peux approcher

Le rocher sert de barrage
De rempart, quel ouvrage

La pluie est nécessaire
Elle est précieuse et salutaire
Qu'elle soit violente ou passagère
C'est la divine messagère
Elle vivifie les prairies
Les arbres, les jardins fleuris

Le rocher s'offre en spectacle
Mais il reste un écueil, un obstacle

Le château trône sur le rocher,
Fier tout là-haut perché
Il semble braver le danger
De l'ennemi se protéger
A ses pieds coule la rivière
Limpide, elle illumine la verrière

L'eau qui tombe du ciel
Peut rapidement devenir torrentielle

Touristes, soyez vigilants
Toujours prudents et méfiants

Le poirier

Le meunier paraît surpris
Son poirier croule de fruits

Des jeunes filles belles à ravir
S'empressent de les cueillir

L'une d'elles est si chargée
Qu'elle tombe dans le pré

Le meunier prestement la relève
L'enlace tendrement,
quel doux rêve !

Les écoliers

Noirs tabliers

Tableau noir

Blanc écolier

Papier, buvard.

Plumes, encriers

Règles, devoirs

Gommes, cahiers

Galoches aux pieds.

Point de grèves

Écrire, copier

Point de rêves

Obéir, travailler.

Les mots

Un petit mot

Un grand mot

Un gros mot

Un vain mot

Un mot de trop

Un bas mot

Un mot doux

Un mot fou

Un mot d'amour

Un mot d'humour

Un mot en l'air

Un mot clair

Un mot gentil

Un mot d'esprit

Un mot confus

Un mot de plus

Quel mot choisir ?

Quel mot dire ?

Tous les mots dits

Sont-ils compris ?

Niherne

Un joli petit village
Pas une ride sur son visage

Depuis que je le connais,
Voilà bon nombre d'années
J'apprécie son restaurant
Il délecte tous les gourmands

La place est très fleurie
Les écoles, la mairie, la prairie,
Son église, son porche classé
Signe de la valeur de son passé

Un coquet salon de coiffure
Ses coupes de cheveux, ses chignons, ses frisures

Le tabac presse et les journaux
Le boulanger et ses fourneaux
L'épicerie et ses hôtesses
...

Leur accueil, leur gentillesse

Sans oublier le pôle médical !

Pour soigner le corps et le mental

Besoin de lire, de voir des expositions ?

La médiathèque est à votre disposition

Le cours tranquille de sa rivière

Ses bosquets, son moulin, ses clairières

Pour s'adonner à la randonnée à cheval

Le castel c'est le cadre rêvé, idéal

Une belle salle de spectacle «Scène Art»

Lieu de conférence, de concert, de théâtre

L'été on court à la piscine

Elle attire détend et fascine

Petit village haut en couleur

Un havre de paix et de douceur

Même si son nom contient deux négations

Il séduit, ravit et retient l'attention

La caissière

Un large sourire

Pour nous accueillir

Elle se tient debout

Elle a l'œil partout

Je demande conseil

Elle prête l'oreille

Avez-vous tel produit ?

Regardez là-haut, le voici

Je n'ai pas levé les yeux

Je l'ai, je repars joyeux.

Le client est exigeant

Il est pressé, distant

La caissière l'attend

L'aide et le comprend

Mon Dieu, quelle patience

Quel soin, quelle conscience.

Caissière

Un métier dont elle doit être fière !

La porte

Ouverte ou fermée

Poussée ou claquée

Perchée sur son seuil

Mon Dieu, quel orgueil !

Ornée de dorure

Reluit sa serrure

Mais où est la clé ?

Elle est bien cachée

Je ne peux l'ouvrir

Je dois repartir

La Poésie avant Tout

Photographies Calligraphies et Dessins
Pages 6, 11, 14, 17, 31, 36, 48, 49, 80, 81, 98, 99, 102, 106, 113, 114
© Isabelle Beaujean

La Poésie avant Tout

Nos Créations Libres Livres
via les éditions Books on Demand

- Lettre à Ava, *la fin des colombes* - Déo-Christian Haringanji, 2021
- *Il était une fois...* La Manufacture - Robert Pasquiet, 2021
- Un coup sur le carafon, *Rendez-vous avec Miss Parkinson* -G-P de Barfon, 2020
- Le Train de la vie, contes de la vie d'un homme enfant - Gérard Chareyre, 2020
- D'encre et de Peau - Isabelle Beaujean, 2020
- Le P'tit Débarras au fond du couloir - Isabelle Beaujean, 2020
- Les Lumières de ma vie - Fabienne Couturier-Blin, 2019
- Nancy Holloway, la Perle noire des Sixties - Gilles Guillemain, *préface de Josiane Balasko,* 2019
- Les Lumières de ma Vie - Fabienne Couturier-Blin, 2019
- La Vigne en France et son Terroir - François Reignoux, 2019
- De l'émOtion en réflexOlogie - Isabelle Beaujean, 2019
- De réflexologies en REFLEXOLOGIE - Isabelle Beaujean, 2019
- Quand la tête fait maigrir - Pascal Delattre, 2019
- Neige interdite *(nouvelle édition)* - Isabelle Beaujean, 2019
- Les Saisons de l'Absence - Isabelle Beaujean, 2019

Créations Libres Livres
Un accès au monde de l'auto-édition accompagnée !

Laurence Dubranle, associée à l'édition
Isabelle Beaujean, associée à la création

Pour contacter nos auteur(e)s ou nous soumettre un projet
creationslibreslivres@orange.fr

Merci aux équipes de Books on Demand

© 2021, Bernadette MURAT

LIBRES LIVRES

Un accès au monde de l'auto-édition accompagnée !

Édition : BoD - Books on Demand
12/14 rond-point des Champs-Élysées, 75008 Paris
Impression : BoD - Books on Demand, Norderstedt, Allemagne

ISBN : 9782322396870
Dépôt légal : Septembre 2021